El ciclo del agua

Torrey Maloof

T0018733

Asesoras

Sally Creel, Ed.D.
Asesora de currículo

Leann Iacuone, M.A.T., NBCT, ATC
Riverside Unified School District

Créditos de imágenes: pág.23 (superior) iStock/
Getty Images; págs.24–25 (fondo) iStock; pág.12 (derecha
superior) Kenneth Libbrecht/Science Source; págs.28–29
(ilustraciones) J.J. Rudisill; todas las demás imágenes
cortesía de Shutterstock.

Teacher Created Materials
5301 Oceanus Drive
Huntington Beach, CA 92649-1030
http://www.tcmpub.com

ISBN 978-1-4258-4672-5

Contenido

Un mundo de agua

Las nubes se agrupan. El cielo se oscurece. El viento silba. Pequeñas gotas de lluvia comienzan a caer. ¡Luego, se desata la grande y ruidosa tormenta! Pronto, el agua está en todas partes.

Cuando hay una tormenta, es fácil encontrar agua. Pero si miras con atención, incluso en un día soleado, el agua está por todas partes.

Agua vieja

La mayor parte del agua de la Tierra es muy vieja. ¡Es agua que nos rodea desde hace miles de millones de años!

El agua fluye por los arroyos. Corre por los ríos. Llena nuestros océanos. Olas de agua rompen en nuestras playas.

El agua está en las plantas. El agua está en los animales. ¡El agua está dentro de ti! Está en todas partes y no deja de moverse.

¿Dónde está toda el agua?

La mayor parte del agua de la Tierra está en los océanos. Esta agua es agua salada.

un arroyo

Nuestros cuerpos están hechos principalmente de agua.

Líquida, sólida, gaseosa

El agua se mueve y cambia. Puede ser un **líquido**. Significa que fluye libremente. El agua que bebes es un líquido. Pero si el agua se enfría, entonces puede congelarse. Se convierte en **sólida**. El hielo es un sólido. Cuando un líquido se calienta, vuelve a cambiar. Se convierte en un gas. Entonces, se llama **vapor** de agua.

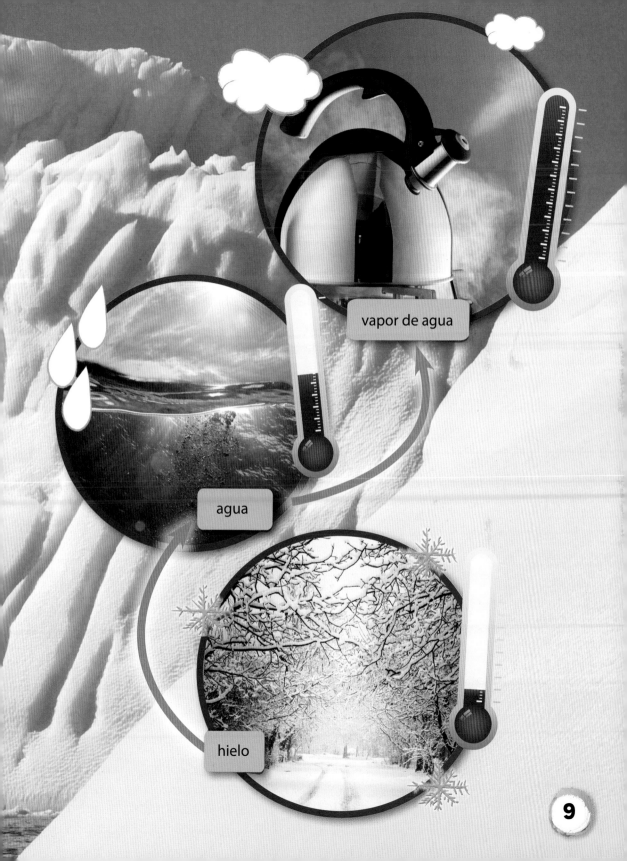

vapor de agua

agua

hielo

El ciclo

Algunas cosas suceden una y otra vez. Suceden en el mismo orden. Esto se conoce como un *ciclo*. El agua se mueve en un ciclo. El ciclo del agua cuenta con tres partes: **evaporación**, **condensación** y **precipitación**.

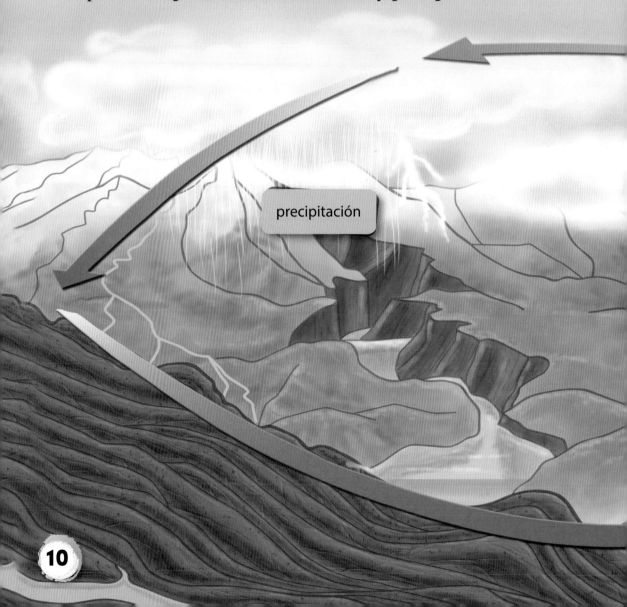

precipitación

El ciclo comienza cuando el sol calienta el agua.
El agua se evapora. Se convierte en vapor. Luego, el
vapor se eleva en el aire. Allí, se enfría y forma las nubes.
Esta es la condensación.

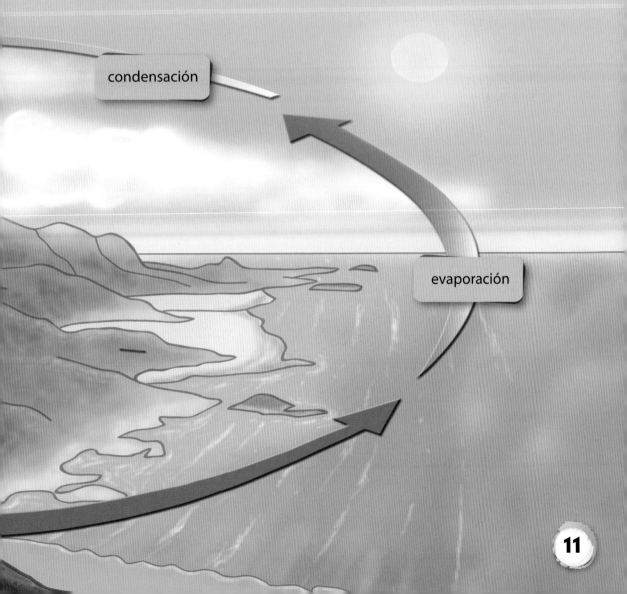

condensación

evaporación

A medida que las nubes se enfrían, se forman pequeñas gotas de agua. Pronto, las gotas caen de las nubes. Algunas veces caen como lluvia. Otras, caen como **granizo**. ¡Si hace el frío suficiente, caerán en forma de nieve! Todos estos son tipos de precipitación.

Cada copo de nieve es único.

granizo

El agua cae a la Tierra. Se acumula en lagos y ríos. Fluye a los océanos. Cuando el agua se calienta, ¡el ciclo vuelve a comenzar!

Agua maravillosa

Todos los seres vivos necesitan agua. Las plantas necesitan agua para crecer. Obtienen el agua mediante las raíces. Tubos delgados transportan el agua por los tallos. El agua pasa por las hojas. Se convierte en vapor.

¡Los animales también necesitan agua! Deben beberla para vivir.

Gatos y perros

Cuando un perro jadea, el agua sale del cuerpo en forma de vapor. ¡El agua puede salir del cuerpo de un gato a través de la nariz!

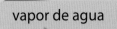

vapor de agua

El agua pasa por las hojas y se convierte en vapor.

El agua pasa de la raíz a las hojas.

15

Los seres humanos también necesitan agua para vivir. Cuando bebes agua, recorre el cuerpo. Te mantiene saludable. Parte del agua que bebes sale del cuerpo. Lo hace cuando sudas o cuando vas al baño.

Este niño bebe agua para reemplazar la que perdió durante un día caluroso.

Compruébalo
por ti mismo

Respira sobre un espejo. El espejo
se empañará. Esa niebla es el
vapor de agua que sale del cuerpo.

17

Usamos el agua para cultivar plantas para comer.

Usamos el agua de muchas maneras. No solo para beber. Usamos el agua para limpiar, incluso para limpiarnos a nosotros mismos. Usamos el agua para cultivar alimentos para comer. Usamos el agua para cocinar la comida. También usamos el agua para producir energía. Podemos usar esa energía para iluminar las casas.

Cada estadounidense usa unos 100 galones de agua al día. ¡La mayor parte de esta agua es para descargar el inodoro!

Las presas retienen el agua. Hacen circular parte de esa agua por tuberías para accionar máquinas que producen electricidad.

El agua se emplea para cocinar estas papas.

Conservemos el agua

Necesitamos agua para vivir. Es importante que no la desperdiciemos. Hay muchas maneras de poder ahorrar agua.

Una grifo que gotea solo una vez por segundo, desperdicia 27,000 galones de agua por año.

Puedes tomar duchas más cortas. Puedes cerrar el grifo mientras te cepillas los dientes. Si tienes una tubería que gotea, ¡asegúrate de arreglarla de inmediato!

Este hombre arregla una tubería que gotea para ayudar a ahorrar agua.

Este niño ahorra agua cepillándose los dientes con el grifo cerrado.

Debemos mantener limpia el agua. Si está sucia, no podemos usarla. Las fábricas pueden ensuciar el agua. Pueden derramar **sustancias químicas** en ella. Esta acción **contamina** el agua. La contaminación hace que el agua no sea segura.

El petróleo puede derramarse en el océano. Esto daña las plantas y los animales que viven ahí. Algunos incluso pueden morir.

¡Cuidado!

¡El agua contaminada no es segura! Puede hacer que te enfermes. Asegúrate de alejarte de ella.

Un trabajador limpia un ave cubierta de petróleo.

A veces, gases peligrosos llegan al aire. Las plantas de energía que usan carbón pueden producir estos gases. Los automóviles y las fábricas viejas también los pueden producir.

Estos gases se mezclan con el vapor de agua del aire. Esto genera **lluvia ácida**. La lluvia ácida vuelve a caer a la Tierra. Al caer, contamina el agua. Puede matar las plantas. Y puede enfermar a los animales.

La lluvia ácida mató estas plantas y contaminó el agua.

¡Apaga las luces!

Puedes ayudar a reducir la lluvia ácida apagando las luces. Mientras menos energía usas, menos serán los gases que las plantas de energía emitirán al aire.

El ciclo del agua jamás termina. Se repite una y otra vez. Está bien, porque necesitamos el agua para vivir. Es importante saber cómo funciona el ciclo del agua. Nos ayuda a saber por qué debemos mantener el agua limpia y segura.

¡Hagamos ciencia!

¿Cómo puedes observar el ciclo del agua?

¡Obsérvalo por ti mismo!

Qué conseguir

- 2 frascos de vidrio (uno con tapa)
- agua
- cinta de enmascarar
- marcador

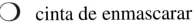

Qué hacer

1 Pega una tira de cinta en un lado de cada frasco.

2 Llena ambos frascos con agua hasta la mitad. Marca el nivel del agua en cada tira de cinta. Coloca la tapa en uno de los frascos. Cierra el frasco herméticamente. Deja abierto el segundo frasco.

3 Deja reposar ambos frascos en un lugar soleado por dos semanas. Luego, observa el nivel de agua de cada frasco. ¿Qué ves? Explica lo que crees que ha sucedido.

Glosario

condensación: el proceso mediante el cual el gas se enfría y se convierte en líquido

contamina: ensucia y vuelve inseguro algo

evaporación: el proceso de cambiar de un líquido a un gas

granizo: trozos de hielo que caen de las nubes

líquido: algo que puede fluir con libertad, por ejemplo, el agua

lluvia ácida: lluvia que contiene sustancias químicas peligrosas causadas por el humo de las fábricas, las plantas de energía y los automóviles

precipitación: lluvia, nieve y otras formas de agua que caen a la tierra

sólida: algo duro y firme que no es líquido o gaseoso

sustancias químicas: sustancias derivadas de procesos químicos

vapor: un líquido en forma de gas

Índice

Ahorremos agua

El agua es muy importante para todos los seres vivos. Necesitamos agua para vivir. Piensa en diferentes maneras de ahorrar agua y mantenerla limpia. Haz una lista con todas tus ideas, y compártelas con tu familia y tus amigos.